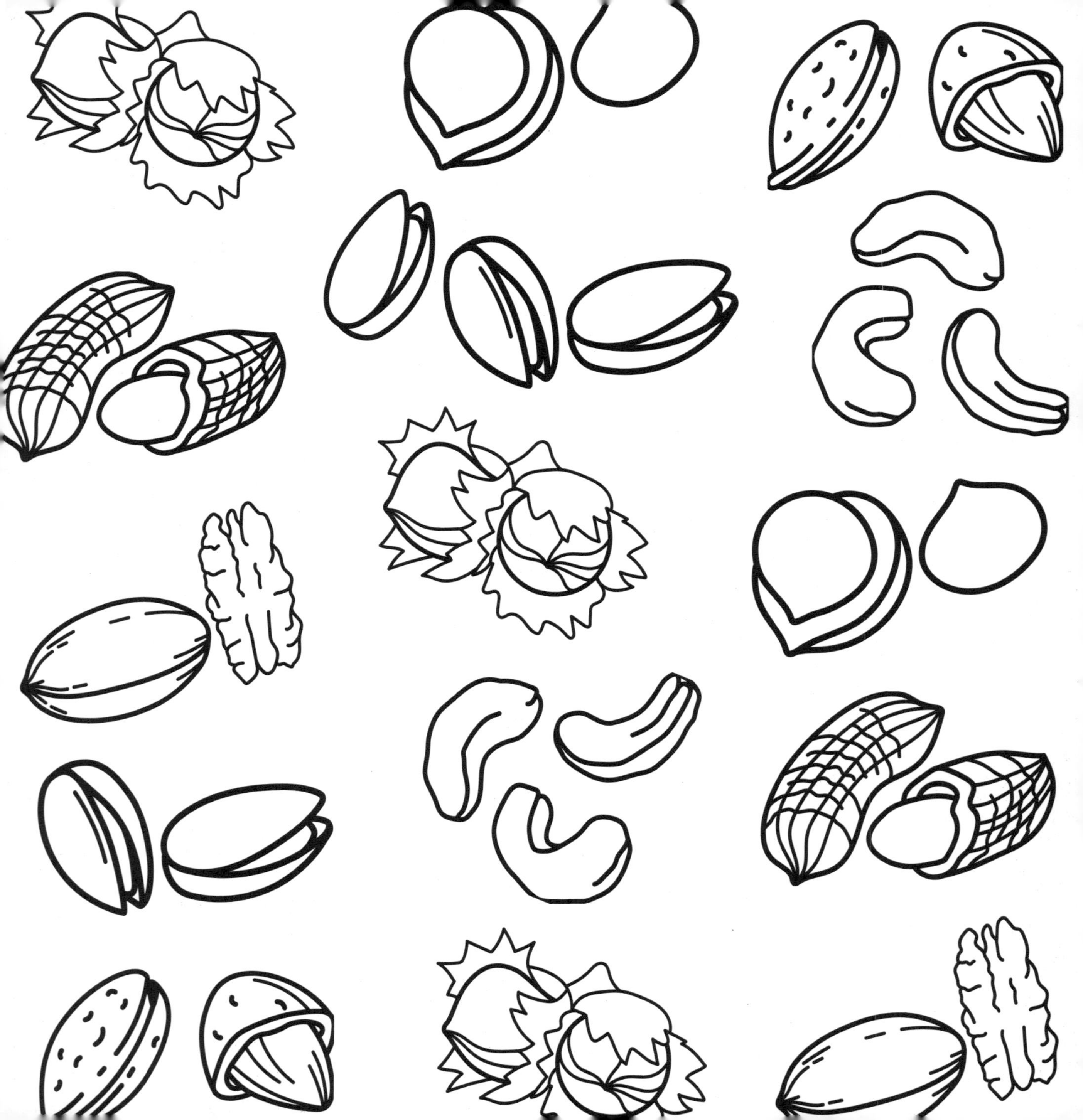

Nüsse und Kerne

Kathrin Ertl

Nüsse und Kerne

Köstliche Rezepte mit Walnuss, Pistazie und Co.

Jan Thorbecke Verlag

MIX
Papier aus verantwortungsvollen Quellen
FSC® C004592

Für die Schwabenverlag AG ist Nachhaltigkeit ein wichtiger Maßstab ihres Handelns.
Wir achten daher auf den Einsatz umweltschonender Ressourcen und Materialien.

www.thorbecke.de

Umschlaggestaltung: Finken & Bumiller, Stuttgart
Umschlagabbildung: StockFood / Great Stock!
Satz und Repro: Schwabenverlag AG, Ostfildern
Druck: Firmengruppe APPL, Wemding
Hergestellt in Deutschland
ISBN 978-3-7995-1107-0 (Print)
ISBN 978-3-7995-1139-1 (eBook)

Bildnachweis:
Alle Abbildungen © StockFood und die folgenden Urheber: S. 9: Tolhurst, Charlotte; S. 11: Gräfe & Unzer Verlag / Kramp + Gölling; S. 13: van Aswegen, Illanique; S. 15: Adsbol, Mikkel; S. 17: Sylvia E.K Photography; S. 19: Kompanik, Hannah; S. 21: Winter, Tim ; S. 23: Kompanik, Hannah; S. 25: Great Stock!; S. 27: Eising Studio – Food Photo & Video; S. 29: Sporrer / Skowronek; S. 31: Kay, Milly; S. 33: Gregson, Jonathan; S. 35: PhotoCuisine / Viel, Pierre Louis; S. 37: Lister, Louise; S. 39: Great Stock!; S. 41: Eising Studio – Food Photo & Video; S. 43: Laniak, Malgorzata; S. 45: Gräfe & Unzer Verlag / Kramp + Gölling; S. 47: Zouev, Tanya; S. 49: Gregson, Jonathan; S. 51: Brachat, Oliver; S. 53: Jalag / Peters, Janne; S. 55: Zouev, Tanya; S. 57: Gräfe & Unzer Verlag / Neubauer, Mathias; S. 59: Schall, Ewgenija; S. 61: Gräfe & Unzer Verlag / Neubauer, Mathias; S. 63: Jalag / Hoersch, Julia.

Rezeptnachweis: Die Rezepttexte wurden von Kathrin Ertl aus dem StockFood-Rezepteteam verfasst.

INHALT

Einleitung

Zum Frühstück

Porridge mit Haselnüssen **8** ʃ Nuss-Granola mit Quinoa & Buchweizen **10** ʃ Mandelmilch **12** ʃ Beerensmoothie mit Mandeln **14** ʃ Nuss-Nougat-Creme **16**

Süße Knabbereien

Cashew-Schokoladen-Cookies **18** ʃ Walnuss-Honig-Plätzchen **20** ʃ Nusstaler **22** ʃ Pistazien-Schokoladen-Riegel **24** ʃ Erdnussbutter-Fudge **26**

Desserts

Mandelpudding **28** ʃ Pistazieneis **30** ʃ Birnen-Haselnuss-Crumble **32** ʃ Pistazienküchlein mit flüssigem Kern **34**

Kleingebäck, Kuchen & Torten

Haselnussschnecken **36** ʃ Nussige Fruchtschnitten **38** ʃ Macadamia-Nussecken **40** ʃ Pekannuss-Cupcakes mit Ahhornsirup **42** ʃ Gedeckte Nusstorte mit karamellisierten Walnüssen **44** ʃ Haselnuss-Schokoladen-Torte **46** ʃ Pekannuss-Pie **48** ʃ Macadamia-Torte **50**

Pikante Köstlichkeiten

Mandelaufstrich mit Kreuzkümmel **52** ʃ Nuss-Gemüse-Brot **54** ʃ Sellerieschnitzel mit Nusspanade **56** ʃ Kohlrabi-Apfel-Salat mit Walnüssen und Ziegenkäse **58** ʃ Hähnchen-Saté-Spieße mit Erdnuss-Dip **60** ʃ Pasta mit Pistazien-Pesto und Pancetta **62**

Einleitung

Nüsse und Kerne sind gerade in aller Munde – ihr Gesundheitspotential, ihr einzigartiger Geschmack und ihre vielseitige Verwendbarkeit in der Küche machen sie zu einem beliebten Lebensmittel für gesundheitsbewusste Genießer. Sie sind reich an ungesättigten Fettsäuren, stecken voller Vitamine und das Beste ist: Sie schmecken köstlich und lassen sich in fast jede Mahlzeit integrieren. In Keksen, Kuchen, Torten und Desserts punkten sie mit ihrem Aroma und geben dem Gebäck eine besondere Textur, und zum Frühstück oder in pikanten Mahlzeiten setzen die kleinen Energiespender köstliche und gesunde Akzente.

Acht verschiedene Nüsse und Kerne werden in den Rezepten dieses Buches verwendet. Unter ihnen sind heimische Nüsse wie Walnüsse und Haselnüsse, aber auch Exoten wie Cashewkerne oder Macadamianüsse. Sie alle zeichnen sich durch einen besonderen Geschmack und besondere Inhaltsstoffe aus:

Der *Cashewkern* ist der Samen des Kaschubaumes, der hauptsächlich in Brasilien wächst. Er zeichnet sich durch einen milden, süßlichen Geschmack und einen besonders hohen Magnesiumgehalt aus.

Die in Australien beheimatete *Macadamianuss* wird aufgrund ihres besonders feinen Geschmacks auch als „Königin der Nüsse" bezeichnet. Sie ist besonders reich an mehrfach ungesättigten Fettsäuren, die sich positiv auf das Herz-Kreislauf-System auswirken.

Die *Erdnuss* stammt aus Südamerika und zeichnet sich durch einen kräftigen Geschmack und einen besonders hohen Eiweißgehalt aus. Zudem gehört sie, wie auch die Cashewkerne, zu den besonders magnesiumreichen Lebensmitteln.

Seit Jahrtausenden wird die *Haselnuss* als wertvolles Lebensmittel in Europa und Kleinasien geschätzt. Sie schmeckt herrlich würzig, ist reich an ungesättigten Fettsäuren und ein besonders guter Vitamin-E-Lieferant.

Seit der Zeit der Römer ist die *Walnuss* auch bei uns heimisch, doch die größten Anbaugebiete liegen heute in den USA. Von allen Nüssen hat die Walnuss den höchsten Gehalt an Omega-3-Fettsäuren. Ein regelmäßiger Verzehr wirkt sich daher positiv auf den Cholesterinspiegel aus.

Die *Pistazie* ist im Nahen Osten heimisch und gehört zu den ältesten Kulturpflanzen. Sie zeichnet sich durch einen süßlichen, mandelartigen Geschmack aus und ist ein hervorragender Vitamin-B-Lieferant.

Die aus den USA stammende *Pekannuss* gehört neben der Macadamianuss zu den besonders fetthaltigen Nüssen, doch keine Angst: Der hohe Anteil an mehrfach ungesättigten Fettsäuren wirkt sich positiv auf die Gesundheit des Herz-Kreislauf-Systems aus.

Die *Mandel* wird bereits seit ca. 4000 angebaut und gedeiht besonders gut im milden Klima Südeuropas und Kaliforniens. Sie wird für ihren süßen, milden Geschmack geschätzt und enthält nicht nur viel Kalzium und Magnesium, sondern ist auch ein hervorragender Folsäurelieferant.

Mit den vielseitigen und von vielen verschiedenen Länderküchen inspirierten Rezepten in diesem Buch können Sie den köstlichen Geschmack der Nüsse und Kerne und ihre gesundheitsfördernden Eigenschaften mit viel Genuss in Ihre Ernährung integrieren. In den meisten der Rezepte werden die naturbelassenen Nüsse und Kerne verwendet, denn so können sie ihren Geschmack am besten entfalten. Lassen Sie sich inspirieren und tauchen Sie ein in die wunderbare Welt der Nüsse und Kerne – Walnuss, Mandel, Pistazie und Co. werden Ihre Küche bereichern!

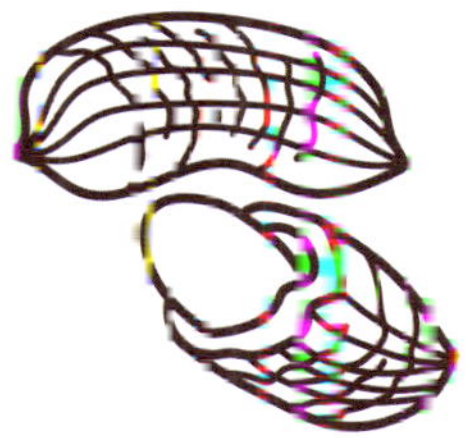

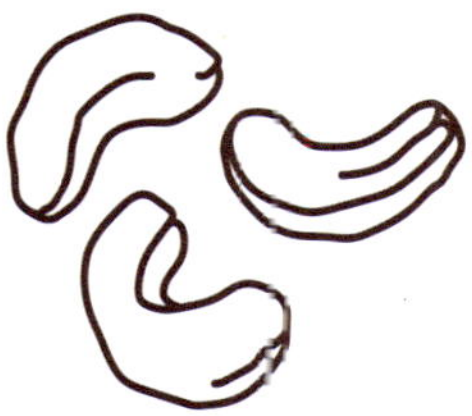

Porridge mit Haselnüssen

Ein warmer Porridge mit einem Topping aus karamellisierten Haselnüssen und Äpfeln – das ist der perfekte, gesunde Start in den Tag!

600 ml Milch
2–3 EL Honig
100–120 g Haferflocken
1 Apfel
20 g Butter
50 g Haselnusskerne
2 EL Kokosraspel
2 EL Zucker

Für 4 Personen

Zubereitungszeit: 15 Minuten
Garzeit: ca. 5 Minuten

Die Milch mit dem Honig aufkochen lassen. Die Haferflocken einstreuen und unter gelegentlichem Rühren bei milder Hitze ca. 5 Minuten lang ausquellen lassen.

Zwischendurch den Apfel schälen, vierteln, das Kerngehäuse herausschneiden und die Viertel in schmale Spalten schneiden. Die Butter in einer Pfanne zerlassen. Die Äpfel in die heiße Pfanne geben und anbraten. Die Haselnüsse hacken und mit den Kokosraspeln zu den Äpfeln geben. Mit dem Zucker bestreuen und unter Schwenken goldbraun karamellisieren.

Den Porridge auf Schüsseln verteilen, die Apfel-Nussmischung daraufgeben und servieren.

Nuss-Granola mit Quinoa & Buchweizen

Diese köstliche, selbst gemachte Müslimischung wird nur mit Ahornsirup gesüßt und lässt sich auch sehr gut auf Vorrat zubereiten.

50 g Mandelkerne
50 g Haselnusskerne
20 g Sonnenblumenkerne
20 g Kürbiskerne
60 g Quinoa
2 EL Chiasamen
100 g Haferflocken
40 g getrocknete Cranberrys
½ TL Zimtpulver
1 Msp gemahlene Kurkuma
50 g Ahornsirup
1 EL Erdnussöl
2 EL Apfelmus
2 EL Mandelmus
2 EL brauner Zucker

Für 4 Personen

Zubereitungszeit: 15 Minuten
Garzeit: ca. 40 Minuten

Den Backofen auf 120 °C Ober- und Unterhitze vorheizen.

Die Mandeln und die Haselnüsse grob hacken und beides mit den Sonnenblumenkernen, den Kürbiskernen, der Quinoa, den Chiasamen, den Haferflocken, den Cranberrys, dem Zimt und der Kurkuma vermischen.

Den Ahornsirup mit dem Erdnussöl, dem Apfelmus, dem Mandelmus und dem Zucker in einem Topf aufkochen lassen. Unter Rühren ca. 2 Minuten lang kochen, über die Müslimischung gießen und alles gut vermengen. Auf einem mit Backpapier belegten Backblech verteilen und im Backofen ca. 40 Minuten lang backen. Zwischendurch wenden. Aus dem Backofen nehmen und auskühlen lassen. Direkt servieren oder in Gläser füllen und aufbewahren.

Mandelmilch

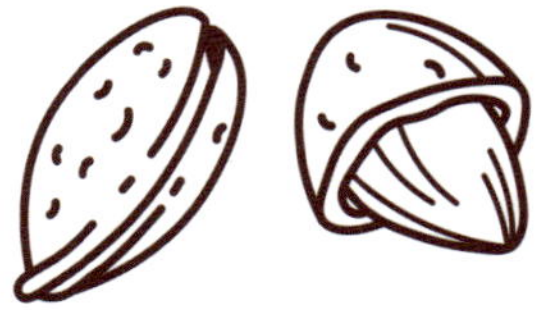

Mandelmilch ist ein wunderbarer Ersatz für Kuhmilch, der köstlich schmeckt und sich vielseitig einsetzen lässt – in Smoothies, zu Müsli oder einfach pur als erfrischendes Getränk.

200 g Mandelkerne
2 EL Agavendicksaft
1 Pr Salz

Für ca. 1 Liter

Zubereitungszeit: 15 Minuten
Wartezeit: 12 Stunden

Die Mandeln in eine Schüssel geben, mit Wasser bedecken und über Nacht ziehen lassen.

Am nächsten Tag das Wasser abgießen. Die Mandeln mit 1 Liter kochendem Wasser übergießen, in einen Mixer geben und mit dem Agavendicksaft und dem Salz auf höchster Stufe mixen, bis eine weiße Flüssigkeit entstanden ist. Durch ein mit einem feinen Tuch ausgelegtes Sieb gießen. Etwas abkühlen lassen, dann das verbliebene Mandelmus im Tuch gut ausdrücken. Die Mandelmilch in eine Flasche füllen und bis zur Verwendung gut verschlossen im Kühlschrank aufbewahren.

Beerensmoothie mit Mandeln

Durch die Zugabe von Mandeln sättigt dieser fruchtige Smoothie besonders lange. Probieren Sie es aus!

250 g gemischte Beeren,
z. B. Heidel- und Himbeeren
1 Banane
40 g Mandelkerne
200 g Joghurt
ca. 250 ml Milch
Honig, nach Geschmack

Für 4 Personen

Zubereitungszeit: 10 Minuten

Die Beeren verlesen, bei Bedarf waschen und gut abtropfen lassen. Die Banane schälen, in Scheiben schneiden und mit den Beeren, den Mandelkernen, dem Joghurt und der Milch fein pürieren. Nach Bedarf noch etwas Milch ergänzen, bis die gewünschte Konsistenz erreicht ist.

Nach Geschmack mit Honig süßen, in Gläser füllen und servieren.

Nuss-Nougat-Creme

Wie wäre es, den beliebten Frühstücksklassiker einmal selbst zuzubereiten? Die selbst gemachte Nuss-Nougat-Creme wird alle gekauften Produkte in den Schatten stellen!

80 g Haselnusskerne
80 g Zartbitterschokolade
200 g Sahne
75 g feiner brauner Zucker
1 EL Vanillezucker
2 EL Kakaopulver, schwach entölt

Für ca. 400 g

Zubereitungszeit: 25 Minuten

Die Haselnüsse grob hacken und in einer heißen Pfanne ohne Fett hellbraun und duftend rösten. Danach auf ein Küchentuch geben, einschlagen und durch Reiben mit dem Tuch die Häutchen der Nüsse so gut wie möglich ablösen. Anschließend abkühlen lassen.

Währenddessen die Schokolade hacken und mit der Sahne bei geringer Hitze in einem kleinen Topf schmelzen lassen. Den Zucker, den Vanillezucker und die Nüsse in ein hohes Gefäß geben und mit dem Pürierstab fein zerkleinern. Den Kakao untermengen. Die Schokoladen-Sahne zur Nusspaste geben und gut verrühren, sodass eine glatte Creme entsteht. Diese unter gelegentlichem Rühren abkühlen lassen. In ein Schraubglas füllen und im Kühlschrank aufbewahren.

Cashew-Schokoladen-Cookies

Wer kann schon frisch gebackenen Cookies widerstehen, wenn sie noch warm aus dem Backofen kommen?

ca. 125 g Mehl
50 g gemahlene Cashewkerne
½ TL Salz
40 g Kakaopulver
½ TL Natron
125 g weiche Butter
60 g weißer Zucker
60 g brauner Zucker
einige Tropfen Vanillearoma
2 Eier
50 g Schokoladentröpfchen, zartbitter
50 g gehackte Cashewkerne

Für ca. 25 Stück

Zubereitungszeit: 25 Minuten
Garzeit: ca. 15 Minuten

Den Backofen auf 180 °C Ober- und Unterhitze vorheizen.

Das Mehl mit den Cashewkernen, dem Salz, dem Kakao und dem Natron in einer Schüssel gut vermischen. Die Butter mit dem weißen und braunen Zucker cremig rühren. Das Vanillearoma unterrühren und nacheinander die Eier dazuzugeben. Die Mehlmischung unterrühren und die Schokoladentröpfchen mit den gehackten Kernen zum Schluss unterziehen. Mit einem Teelöffel kleine Teighäufchen auf ein mit Backpapier belegtes Backblech setzen und nur leicht flach drücken. Im vorgeheizten Backofen 10–15 Minuten lang backen, bis die Kekse außen knusprig und innen noch weich und saftig sind.

Die Cookies kurz auf dem Blech abkühlen lassen und zum Auskühlen auf ein Kuchengitter legen.

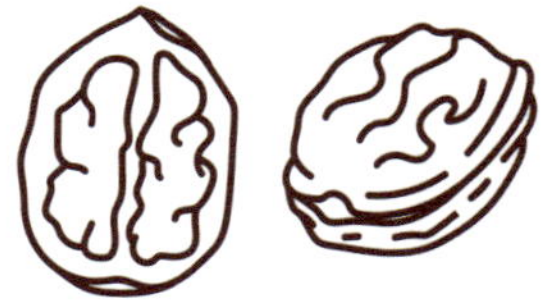

Walnuss-Honig-Plätzchen

Diese mit Honig gesüßten Walnussplätzchen passen perfekt zu einer feinen Tasse Tee am Nachmittag.

130 g weiche Butter
100 g Honig
1 TL Vanillezucker
2 Eier
175 g kernige Haferflocken
75 g gehackte Walnüsse
½ TL Zimtpulver
½ TL Backpulver
4–6 EL Mehl
2 EL Milch

Für ca. 30 Stück

Zubereitungszeit: 30 Minuten
Wartezeit: ca. 30 Minuten
Garzeit: ca. 15 Minuten

Die Butter mit dem Honig und dem Vanillezucker cremig schlagen. Die Eier dazuzugeben und schaumig rühren. Dann die übrigen Zutaten dazugeben, alles gut vermischen und ca. 30 Minuten lang ruhen lassen.

Den Backofen auf 180 °C Ober- und Unterhitze vorheizen.

Mithilfe von zwei Teelöffeln kleine Teighäufchen mit etwas Abstand zueinander auf ein mit Backpapier ausgelegtes Backblech setzen und im vorgeheizten Backofen in ca. 15 Minuten goldbraun backen. Am besten luftdicht verpackt, z. B. in einer Keksdose, aufbewahren.

Nusstaler

Schokolade und Haselnüsse sind ein geschmackliches Traumpaar, das in diesen dekorativen Nusstalern hervorragend zur Geltung kommt.

Für den Teig:
180 g Mehl
20 g Kakaopulver
50 g brauner Zucker
1 Pr Zimtpulver
125 g kalte Butter
1 Ei

Für den Belag:
300 g geschälte Haselnusskerne
300 g Zucker
25 g Butter
125 g Zartbitterkuvertüre

Für ca. 40 Stück

Zubereitungszeit:
1 Stunde 30 Minuten
Garzeit pro Blech: ca. 12 Minuten

Das Mehl mit dem Kakao, dem Zucker und dem Zimt vermischen. Die Butter in kleinen Stücken dazugeben, das Ei ergänzen und alles rasch zu einem glatten Teig verkneten. Halbieren und zu zwei Rollen von ca. 4 cm Durchmesser formen. In Frischhaltefolie wickeln und ca. 1 Stunde lang in den Kühlschrank legen.

Den Backofen auf 170 °C Ober- und Unterhitze vorheizen. Zwei Backbleche mit Backpapier belegen.

Den Teig in ca. 4 mm dünne Scheiben schneiden und diese auf die Bleche legen. Im Backofen 10–12 Minuten lang backen, danach mit dem Papier auf ein Kuchengitter ziehen und erkalten lassen.

Die Nüsse dicht an dicht auf die Kekse setzen. Den Zucker mit 75 ml Wasser und der Butter in einem Topf erhitzen. 3–4 Minuten lang unter Rühren leise köcheln lassen. Den Sirup mit einem Löffel über die Nüsse träufeln und fest werden lassen.

Die Kuvertüre hacken und über einem heißen Wasserbad schmelzen lassen. Die Kekse mit der Unterseite bis knapp an die Nüsse in die Kuvertüre tauchen. Auf Backpapier setzen und trocknen lassen.

Pistazien-Schokoladen-Riegel

Diese mit Pistazien veredelte Nascherei zaubert allen Schokoladenliebhabern ein Lächeln auf die Lippen.

100 g weiße Kuvertüre
100 g Zartbitterkuvertüre
150 g Kekse, z. B. Butterkekse
200 g Butter
30 g Kakaopulver
350 g Puderzucker
1 Ei
2 EL Vanillezucker
100 g Pistazienkerne

Für ca. 16 Stück

Zubereitungszeit: 20 Minuten
Wartezeit: mind. 2 Stunden

Beide Kuvertüren hacken und die Kekse grob zerkleinern. Die Butter mit dem Kakao und der Zartbitterkuvertüre unter Rühren in einem heißen Topf schmelzen lassen. Vom Herd nehmen, den Puderzucker, das Ei und den Vanillezucker einrühren und abkühlen lassen.

Die weiße Kuvertüre, die Kekse und die Pistazien untermengen und in eine mit Frischhaltefolie ausgelegte Form (ca. 22 × 22 cm) füllen. Die Schokoladenmasse glatt streichen und mindestens 2 Stunden lang kalt stellen. Aus der Form stürzen, die Folie abziehen und in Scheiben geschnitten servieren.

Erdnussbutter-Fudge

Diese kleinen Kunstwerke lassen sich hübsch verpackt wunderbar verschenken. Ein Fest für Auge und Gaumen!

120 g Butter
500 g brauner Zucker
120 ml Milch
175 g cremige Erdnussbutter
einige Tropfen Vanillearoma
375 g Puderzucker
Butter, für die Form
100 g Zartbitterkuvertüre
100 g gehackte Erdnüsse

Für 50–60 Stück

Zubereitungszeit: 45 Minuten
Wartezeit: mind. 2 Stunden

Die Butter in einem kleinen Topf schmelzen lassen. Den braunen Zucker und die Milch unterrühren und die Mischung unter weiterem Rühren ca. 2 Minuten lang sprudelnd kochen lassen. Vom Herd nehmen und die Erdnussbutter sowie das Vanillearoma unterrühren. Den Erdnussbutter-Mix über den Puderzucker in einer Schüssel gießen und zu einer glatten Masse vermengen. Etwa ein Fünftel der Creme beiseitestellen. Die restliche Fudge-Masse zum Abkühlen in eine flache, gebutterte Form (ca. 20 × 20 cm) füllen und gleichmäßig glatt streichen. Etwa 2 Stunden lang abgedeckt im Kühlschrank fest werden lassen.

Die Kuvertüre hacken und über einem heißen Wasserbad schmelzen lassen. Zur beiseite gestellten Fudge-Masse geben und gut unterrühren. Die Masse in einen Spritzbeutel mit glatter Tülle füllen und auf ein mit Backpapier belegtes Blech Tupfer aufspritzen. Mit den Erdnüssen bestreuen und abgedeckt kalt stellen.

Das Fudge anschließend aus der Form stürzen und in Würfel schneiden. Das Schokoladen-Karamell jeweils daraufsetzen. Falls nötig, die Unterseite des Karamells leicht erwärmen und dann andrücken.

Mandelpudding

Ein Nachtisch wie aus Tausendundeine Nacht: Das zarte Mandelaroma verbindet sich aufs Vortrefflichste mit dem duftigen Rosenwasser zu einer orientalischen Köstlichkeit.

2 Eier
200 g Sahne
1 EL Rosenwasser
75 g gemahlene und geschälte Mandeln
3 EL Speisestärke
400 ml Mandelmilch
60 g Zucker
1 TL Zitronensaft
2 EL geröstete Mandelblättchen
Zimtpulver

Für 4 Personen

Zubereitungszeit: 20 Minuten
Wartezeit: ca. 1 Stunde

Die Eier trennen. Die Sahne in einer Schüssel mit den Eigelben, dem Rosenwasser, den Mandeln und der Stärke verrühren. Die Mandelmilch mit dem Zucker in einem Topf aufkochen lassen. Unter Rühren zur Mandelmischung gießen, in den Topf geben und unter weiterem Rühren andicken lassen. Die Eiweiße mit dem Zitronensaft steif schlagen. Mit einem Teigschaber locker unter die Mandelcreme ziehen und den Pudding in Gläser füllen. Abgedeckt im Kühlschrank mindestens 1 Stunde lang kalt werden lassen.

Vor dem Servieren mit Mandelblättchen und einer Prise Zimt bestreuen.

Pistazieneis

Mit diesem Rezept können Sie den italienischen Klassiker aus Ihrer Lieblingseisdiele nun selbst zubereiten!

75 g geschälte Pistazienkerne
400 ml Milch
150 g Sahne
4 Eigelb
80 g Zucker
2 TL Zitronensaft

Für 6–8 Portionen

Zubereitungszeit: 45 Minuten
Wartezeit: ca. 1 Stunde
Gefrierzeit: mind. 40 Minuten

50 g Pistazien im Blitzhacker fein zerkleinern. Die Hälfte der Milch zugießen und alles fein pürieren. Mit der übrigen Milch und der Sahne mischen und in einem Topf erhitzen. Unter Rühren ca. 5 Minuten lang köcheln lassen. Die Eigelbe mit dem Zucker in einer Schüssel mit dem Schneebesen verquirlen. Die heiße Pistazienmilch unter Rühren langsam zugießen. Über einem heißen Wasserbad in ca. 10 Minuten zu einer cremigen Masse aufschlagen. Anschließend in einem kalten Wasserbad ca. 10 Minuten kühl rühren. Den Zitronensaft unterrühren und die Eismasse abgedeckt mindestens 1 Stunde lang in den Kühlschrank stellen.

Anschließend in der Eismaschine ca. 40 Minuten lang cremig gefrieren lassen (oder mindestens 4 Stunden lang im Tiefkühler gefrieren lassen, dabei anfangs alle ca. 20 Minuten kräftig durchrühren).

Die übrigen Pistazien grob hacken und in den letzten ca. 2 Minuten mit in die Eismaschine geben. Vom Eis Kugeln abstechen und sofort servieren.

Birnen-Haselnuss-Crumble

Dieser wunderbare Nachtisch ist ein Wohlfühlessen vom Feinsten. Wenn Kinder mitessen, kann der Mandellikör durch Orangen- oder Apfelsaft ersetzt werden.

Butter, für die Form
3 kleine Birnen
1 EL Zitronensaft
250 g Rhabarber
4 cl Mandellikör
60 g Haselnusskerne
70 g Mehl
60 g brauner Zucker
50 g gemahlene Haselnüsse
1 Pr Zimtpulver
80 g Butter

Für 4 Personen

Zubereitungszeit: 25 Minuten
Garzeit: ca. 40 Minuten

Den Backofen auf 180 °C Ober- und Unterhitze vorheizen. Eine Auflaufform mit Butter einfetten.

Die Birnen schälen, das Kerngehäuse entfernen und die Birnen in Stücke schneiden. Mit dem Zitronensaft beträufeln. Den Rhabarber waschen, putzen, in ca. 6 cm lange Stücke schneiden und zusammen mit den Birnen in die Auflaufform geben. Mit dem Mandellikör beträufeln.

Die Haselnüsse grob hacken und mit dem Mehl, dem Zucker, den gemahlenen Nüssen und dem Zimt vermischen. Die Butter schmelzen, dazugeben und zwischen den Händen zu Krümeln verreiben.

Die Streusel über dem Obst verteilen. Den Crumble im Backofen in ca. 40 Minuten goldbraun backen, warm servieren und dazu z. B. Vanillesauce reichen.

Pistazienküchlein mit flüssigem Kern

Diese leuchtend grünen Küchlein sind eine edle Variante des französischen Klassikers Moelleux au chocolat.

200 g Zartbitterschokolade
150 g Sahne
Butter, für die Förmchen
5 Eier
Salz
150 g Zucker
1 EL Honig
5 EL Wasser
100 g Mehl
100 g fein gemahlene Pistazien

Für 8 Personen

Zubereitungszeit: 30 Minuten
Garzeit: ca. 20 Minuten

Die Schokolade in kleine Stücke brechen und zusammen mit der Sahne in einem Topf erwärmen, bis die Schokolade geschmolzen ist. Die entstandene Schokoladenmasse in 8 Vertiefungen einer Eiswürfelform füllen und im Tiefkühler 3 Stunden lang einfrieren.

Den Backofen auf 200 °C Ober- und Unterhitze vorheizen und den Boden von 8 Förmchen mit Butter einfetten. Die Eier trennen. Das Eiweiß mit einer Prise Salz steif schlagen und dabei nach und nach 50 g Zucker einrieseln lassen.

Die Eigelbe mit dem restlichen Zucker, dem Honig und 5 EL lauwarmem Wasser schaumig aufschlagen. Das Mehl mit den Pistazien vermischen und vorsichtig unter die Eigelbmischung rühren. Das Eiweiß unterheben.

Den entstandenen Teig in die vorbereiteten Förmchen füllen und jeweils einen gefrorenen Schokoladenwürfel in den Teig drücken. Im vorgeheizten Backofen 15–20 Minuten lang backen. Etwas abkühlen lassen, aus den Förmchen stürzen und servieren.

Haselnussschnecken

Für dieses Rezept können Sie die selbst gemachte Nuss-Nougat-Creme von S. 16 verwenden.

Für den Teig:
500 g Dinkelmehl, Type 630
1 Würfel Hefe, 42 g
ca. 250 ml lauwarme Milch
80 g brauner Zucker
80 g weiche Butter
½ TL Salz
Mehl, zum Arbeiten

Für die Füllung:
60 g Haselnusskerne
50 g weiche Butter
50 g brauner Zucker
2 EL Kakaopulver
1–2 EL Nuss-Nougat-Creme
2 cl Rum

Zum Glasieren:
ca. 100 g Aprikosenkonfitüre

Für ca. 30 Stück

Zubereitungszeit: 1 Stunde
Wartezeit:
ca. 1 Stunde 30 Minuten
Garzeit: ca. 20 Minuten

Das Mehl in eine Schüssel sieben und eine Mulde hineindrücken. Die Hefe hineinbröckeln und mit 3–4 EL Milch und 1 TL Zucker verrühren. Abgedeckt an einem warmen Ort ca. 15 Minuten lang ruhen lassen. Anschließend die übrige Milch, den Zucker, die Butter und das Salz dazugeben und alles zu einem glatten Teig verkneten, der sich vom Schüsselrand löst. Falls nötig, noch Milch oder Mehl dazugeben, abdecken und ca. 1 Stunde lang ruhen lassen.

Die Haselnüsse in einer Pfanne ohne Fett duftend anrösten. Herausnehmen, abkühlen lassen und grob hacken. Die Butter in einer Schüssel mit dem Zucker cremig rühren. Den Kakao, die Nuss-Nougat-Creme und den Rum einrühren, bis eine weiche Masse entsteht.

Zwei Backbleche mit Backpapier belegen. Den Teig auf einer bemehlten Arbeitsfläche zu einem Rechteck von ca. 30 × 60 cm ausrollen. Dünn mit der Schokoladenmasse bestreichen und einen kleinen Rand freilassen. Mit den Nüssen gleichmäßig bestreuen und von der langen Seite her einrollen. In ca. 2 cm dicke Scheiben schneiden, auf die Backbleche setzen und ca. 15 Minuten lang ruhen lassen.

Den Backofen auf 200 °C Ober- und Unterhitze vorheizen. Die Schnecken im Backofen in ca. 20 Minuten goldbraun backen. Die Aprikosenkonfitüre erwärmen und durch ein Sieb streichen. Die heißen Schnecken mit der Konfitüre glasieren und auskühlen lassen.

Nussige Fruchtschnitten

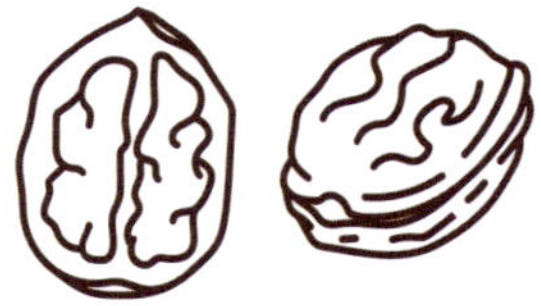

Diese nussigen Fruchtschnitten sind die perfekte gesunde Zwischenmahlzeit für unterwegs.

200 g gemischte Nüsse, z. B. Mandeln, Walnüsse, Haselnüsse
150 g getrocknete Feigen
100 g entsteinte Datteln
60 g Gojibeeren oder Cranberrys
125 g getrocknete Aprikosen
1 TL geriebene Schale von 1 unbehandelten Zitrone
gemischte Kerne und Samen, z. B. Sesam, Leinsamen, Kürbiskerne, Sonnenblumenkerne

Für ca. 12 Stück

Zubereitungszeit: 20 Minuten
Wartezeit: mind. 1 Stunde

Die Nüsse mit den Feigen, den Datteln und den Gojibeeren in einen Mixer geben und zerkleinern, bis eine dickliche Masse entstanden ist.

Die Aprikosen grob hacken und mit der geriebenen Zitronenschale dazugeben. Nur kurz mixen, sodass die Aprikosen gut untergemischt sind, die Masse aber noch leicht stückig ist.

Eine Form (ca. 20 × 20 cm) mit Backpapier auslegen und die Masse hineinfüllen. Glatt streichen und mindestens 1 Stunde lang in den Kühlschrank stellen.

Anschließend in Riegel schneiden und nach Belieben mit Kernen und Samen bestreut servieren.

Macadamia-Nussecken

Nussecken sind ein Traditionsrezept, das nie aus dem Mode gekommen ist. In diesem Rezept werden sie mit Macadamianüssen zubereitet – eine gelungene Neuinterpretation des Klassikers!

Pflanzenöl, zum Bepinseln
175 g Mehl
180 g brauner Zucker
½ TL Salz
75 g Butter
150 g Macadamianüsse
2 EL Honig
1 Ei
50 g Kokosraspeln
100 g Zartbitterkuvertüre

Für 24 Stück

Zubereitungszeit: 50 Minuten
Garzeit: ca. 30 Minuten

Den Backofen auf 200 °C Ober- und Unterhitze vorheizen. Eine quadratische Backform (ca. 23 × 23 cm) mit kleinem Rand (ca. 2 cm) mit Alufolie auslegen und mit Öl auspinseln.

150 g Mehl mit 1 EL braunem Zucker und der Hälfte vom Salz in eine Schüssel geben, vermischen und dabei die Butter in Stücken einarbeiten. Die Streusel in die vorbereitete Form füllen und gleichmäßig flach drücken. Den Boden im Backofen ca. 10 Minuten lang backen, bis sich die Ränder goldbraun gefärbt haben.

Die Nüsse grob hacken und in einer Pfanne ohne Öl goldbraun rösten. Anschließend auskühlen lassen. Das restliche Mehl mit dem restlichen Zucker, dem Honig, dem Ei und dem restlichen Salz vermengen. Die Nüsse und die Kokosraspeln unterrühren.

Die Nussmasse auf den Teigboden streichen und im Backofen in weiteren 15–20 Minuten goldbraun backen.

Den Kuchen aus dem Backofen nehmen und in der Form auf einem Kuchengitter auskühlen lassen. Anschließend in 12 Rechtecke schneiden und diese diagonal halbieren.

Zum Verzieren die Schokolade hacken, über einem heißen Wasserbad schmelzen und wieder ein wenig abkühlen lassen. Jeweils eine Ecke der Nussecken in die Schokolade tauchen und auf einem Backpapier trocknen lassen.

Pekannuss-Cupcakes mit Ahornsirup

Pekannüsse werden sowohl im Teig als auch im Topping verarbeitet – ein Fest für alle Liebhaber der edlen Nuss aus den USA!

Für die Cupcakes:
50 g Pekannusskerne
75 g weiche Butter
60 g brauner Zucker
60 ml Ahornsirup
2 Eier
60 g Mehl
60 g Vollkornmehl
2 TL Backpulver
1 Pr Salz
1 TL Zimtpulver
2–3 EL Milch

Für das Topping:
30 g Pekannusskerne
250 g Sahne
1 Päckchen Sahnesteif
2–3 EL Ahornsirup
1–2 EL geraspelte Schokolade, Vollmilch oder Zartbitter

Zum Garnieren:
12 Pekannusskernhälften

Für 12 Stück

Zubereitungszeit: 45 Minuten
Garzeit: ca. 25 Minuten

Den Backofen auf 175 °C Ober- und Unterhitze vorheizen. 12 Papierförmchen in ein Muffinblech setzen.

Die Pekannüsse grob hacken. Die Butter mit dem Zucker cremig rühren. Den Ahornsirup unterrühren. Die Eier einzeln dazugeben und unterrühren. Das Mehl und das Vollkornmehl mit dem Backpulver, dem Salz und dem Zimt mischen und mit der Milch rasch unter den Teig rühren. Die Nüsse unterheben, den Teig in die Förmchen verteilen und im Backofen ca. 25 Minuten lang backen. Danach kurz abkühlen lassen, aus den Förmchen lösen und erkalten lassen.

Für das Topping die Pekannüsse im Blitzhacker fein zerkleinern. Die Sahne mit dem Sahnesteif und dem Ahornsirup steif schlagen. Die Nüsse und die Schokolade unterheben.

Die Sahne in einen Spritzbeutel mit großer Lochtülle füllen und dekorativ auf die Cupcakes spritzen. Mit den Pekannusskernhälften garnieren und bis zum Servieren in den Kühlschrank stellen.

Gedeckte Nusstorte mit karamellisierten Walnüssen

Durch die Füllung aus Walnüssen und Karamell wird diese Torte zu einem Hochgenuss für alle Nussliebhaber. Ein Klecks geschlagene Sahne dazu macht den Genuss perfekt.

Für den Teig:

250 g Mehl
1 Msp Backpulver
1 Msp geriebene Schale von 1 unbehandelten Zitrone
1 Ei
150 g Butter
75 g Zucker
1 Pr Salz
Mehl, zum Arbeiten
getrocknete Hülsenfrüchte
1–2 EL Sahne

Für die Füllung:

75 g Butter
400 g Zucker
200 g Sahne
100 ml Milch
400 g Walnusskerne
Puderzucker, zum Bestäuben

Für 1 Springform (Ø 24 cm)

Zubereitungszeit: 1 Stunde
Wartezeit: mind. 1 Stunde 10 Minuten
Garzeit: ca. 50 Minuten

Das Mehl mit dem Backpulver und der geriebenen Zitronenschale in einer Schüssel vermischen und in die Mitte eine Mulde drücken. Das Ei, die Butter in Stücken, den Zucker und das Salz dazugeben und alles mit den Knethaken zu einem geschmeidigen Teig verarbeiten. Zu einer Kugel formen und in Frischhaltefolie gewickelt ca. 1 Stunde lang kalt stellen. Den Backofen auf 200 °C Ober- und Unterhitze vorheizen. Die Springform mit Backpapier auslegen.

Etwa zwei Drittel vom Teig abnehmen und auf einer bemehlten Arbeitsfläche 3–4 mm dünn ausrollen. Die Form damit auslegen und dabei einen Rand formen. Mit Backpapier belegen, Hülsenfrüchte daraufstreuen und im Backofen ca. 10 Minuten lang vorbacken. Herausnehmen, Hülsenfrüchte und Papier entfernen und abkühlen lassen.

2 EL Butter mit 200 g Zucker in einem weiten Topf erhitzen und schmelzen lassen. Den übrigen Zucker unterrühren und goldbraun karamellisieren. Die Sahne mit der Milch und der übrigen Butter in einem weiteren Topf heiß werden lassen, vorsichtig zum Karamell gießen und auflösen. Die Nüsse grob hacken und unter den Karamell mischen. Vom Herd nehmen und abkühlen lassen.

Die Nussmasse auf den Teigboden füllen und gleichmäßig verteilen. Den übrigen Teig ebenfalls 3–4 mm dünn, etwas größer als die Springform, ausrollen, auf die Nussmasse legen und die Ränder nach unten an den Teigrand des Bodens drücken. Den Teigdeckel einige Male mit einer Gabel einstechen, mit der Sahne bestreichen und im Backofen in ca. 50 Minuten goldbraun backen. Herausnehmen, auskühlen lassen, mit Puderzucker bestäuben und servieren.

Haselnuss-Schokoladen-Torte

Diese festliche Torte ist ein Prunkstück für jede Kaffeetafel!

Für den Teig:
Butter und Mehl, für die Form
60 g grob gehackte Zartbitterschokolade
75 g weiche Butter
40 g Puderzucker
3 Eier
75 g Mehl
60 g gemahlene Haselnüsse
30 g Zucker
1 Pr Salz

Für das Nuss-Karamell:
120 g Zucker
60 g heller Rübensirup
80–100 g geschälte Haselnüsse
1 Pr Salz
10 g Butter
1 Msp Natronpulver

Für Füllung und Glasur:
200 g Zartbitterschokolade
125 g Aprikosenkonfitüre

Für 1 Springform (Ø 20 cm)

Zubereitungszeit:
1 Stunde 20 Minuten
Garzeit: ca. 35 Minuten

Den Backofen auf 180 °C Ober- und Unterhitze vorheizen. Die Form mit Butter einfetten und mit Mehl bestäuben.

Die Schokolade über einem heißen Wasserbad schmelzen und wieder abkühlen lassen. Die Butter mit dem Puderzucker schaumig rühren. Die Eier trennen. Nach und nach die Eigelbe und die geschmolzene Schokolade unter die Buttermischung rühren. Das Mehl mit den Nüssen untermischen. Die Eiweiße mit dem Zucker und dem Salz steif schlagen und vorsichtig unterheben. Den Teig in die Form füllen und im Backofen ca. 35 Minuten lang backen. Herausnehmen, abkühlen lassen und aus der Form lösen.

Den Zucker und den Rübensirup mit 60 ml Wasser in einem Topf unter Rühren zum Kochen bringen. Die Zuckermischung ohne weiteres Rühren bei starker Hitze zu einem hellen Karamell kochen. Die Nüsse mit dem Salz mischen. Wenn der Karamell die entsprechende Temperatur erreicht hat, die Nüsse dazugeben, aufkochen und weitere 2 –3 Minuten lang kochen lassen, dann vom Herd nehmen und die Butter und das Natron unterrühren. Die Karamellnüsse auf ein gefettetes Backblech geben, separieren und auskühlen lassen.

Für den Guss die Schokolade grob hacken, über einem heißen Wasserbad schmelzen und wieder etwas abkühlen lassen. Die Aprikosenkonfitüre erwärmen und durch ein Sieb streichen.

Den Kuchen einmal waagerecht halbieren und mit der Hälfte der Konfitüre bestreichen. Zusammensetzen und rundherum mit der restlichen Konfitüre bestreichen. Die Torte mit dem Schokoladenguss überziehen, die Nüsse darauf verteilen und trocknen lassen.

Pekannuss-Pie

Dieser Klassiker aus den USA passt hervorragend zu einer zu einer guten Tasse Kaffee, aber auch als Nachtisch ist diese Pie ein Gedicht!

Für den Teig:
200 g Mehl
50 g Zucker
1 Pr Salz
1 Ei
125 g Butter
Butter, für die Form
Mehl, für die Arbeitsfläche

Für den Belag:
250 g Zuckerrübensirup
100 g brauner Zucker
50 g zerlassene Butter
3 Eier
1 Pr Salz
2 cl Whiskey
ca. 150 g Pekannusshälften
Puderzucker, zum Bestäuben

Für 1 Tarteform (Ø 22 cm)

Zubereitungszeit: 1 Stunde
Wartezeit: 30 Minuten
Garzeit: ca. 50 Minuten

Das Mehl mit dem Zucker und dem Salz mischen, auf eine Arbeitsplatte häufen, in die Mitte eine Mulde drücken, das Ei hineinschlagen und die Butter in Stücken um die Mulde herum verteilen. Mit einem Messer sämtliche Zutaten krümelig hacken und mit den Händen rasch zu einem geschmeidigen Teig verarbeiten. Zu einer Kugel formen und in Frischhaltefolie gewickelt für 30 Minuten in den Kühlschrank stellen.

Den Backofen auf 180 °C Ober- und Unterhitze vorheizen.

Die Tarteform mit Butter einfetten. Den Teig auf einer bemehlten Arbeitsfläche etwas größer als die Form ausrollen und die Form damit auskleiden, dabei einen Rand hochziehen. Den Teigboden mit einer Gabel mehrmals einstechen.

Den Sirup mit dem Zucker, der Butter, den Eiern, dem Salz und dem Whiskey gut verrühren. Etwa 50 g Nüsse grob hacken und unter die Masse ziehen. Diese auf den Teigboden füllen und mit den übrigen Nüssen dekorativ belegen. Im Backofen ca. 50 Minuten lang backen. Sollte die Pie zu dunkel werden, rechtzeitig mit Alufolie abdecken.

Die Pie aus dem Backofen nehmen, abkühlen lassen, aus der Form lösen und auf einem Kuchengitter auskühlen lassen. Mit Puderzucker bestäuben.

Macadamia-Torte

Keine geringere als die „Königin der Nüsse“ spielt in diesem Rezept die Hauptrolle. Diese Torte ist geschmacklich und optisch ein wahrlich königlicher Genuss!

Für den Biskuit:
5 Eier
1 Pr Salz
125 g Zucker
100 g Mehl
50 g gemahlene Mandeln

Für die Creme:
6 Blatt Gelatine
400 g Frischkäse
100 g Macadamianuss-Creme
2 EL Vanillezucker
6 cl Nusslikör
200 g Sahne
4 EL Kaffee, kalt

Zum Verzieren:
100 g Zucker.
12 Beeren, z. B. frische Cranberrys
ca. 80 g geröstete Mandelblättchen
100 g Macadamianuss-Creme

Für 1 Springform (Ø 26 cm)

Zubereitungszeit: 1 Stunde
Wartezeit: mind.
3 Stunden 30 Minuten
Garzeit: ca. 12 Minuten

Den Backofen auf 200 °C Ober- und Unterhitze vorheizen. Ein Backblech mit Backpapier auslegen.

Die Eier trennen und die Eiweiße mit dem Salz steif schlagen, dabei den Zucker einrieseln lassen. Die Eigelbe unterziehen. Das Mehl mit den Mandeln vermischen und unter die Masse heben. Auf das Backblech geben und glatt streichen. Im Backofen ca. 12 Minuten lang backen, herausnehmen und auskühlen lassen.

Die Gelatine in kaltem Wasser einweichen. Den Frischkäse mit der Nuss-Creme und dem Vanillezucker glattrühren. Die Gelatine ausdrücken, in einem Topf mit 2 cl Likör erwärmen und auflösen. 2–3 EL der Creme einrühren und diese Masse unter die übrige Frischkäsecreme mengen. Die Sahne steif schlagen und unterheben.

Den Kaffee mit dem übrigen Likör vermischen. Aus dem Biskuit zwei Kreise (Ø 26 cm und Ø 20 cm) ausstechen. Beide mit der Kaffeemischung beträufeln. Den größeren Kreis auf eine Kuchenplatte legen und mit einem Tortenring umschließen. Drei Viertel der Creme auf dem Boden glatt streichen und mit dem kleineren Boden belegen. Mit der übrigen Creme bestreichen und mindestens 3 Stunden lang kalt stellen.

Für die Karamellbeeren den Zucker karamellisieren und abkühlen lassen, bis der Karamell Fäden zieht. Die Beeren mithilfe einer Pinzette in den Karamell tauchen und langsam hochziehen, sodass ein langer Faden entsteht. Vorsichtig auf ein Backpapier legen und vollständig erkalten lassen.

Vor dem Servieren den Ring von der Torte abziehen und den Rand mit den Mandeln verzieren. Die Oberfläche mit der Macadamianuss-Creme bestreichen und mit den Karamell-Beeren verzieren.

Mandelaufstrich mit Kreuzkümmel

Dieser köstliche Aufstrich schmeckt nicht nur wunderbar auf einer Scheibe Brot – er eignet sich auch hervorragend als Dip für Gemüsesticks oder Cracker.

60 g getrocknete Tomaten, in Öl
30 g geschälte Mandelkerne
250 g Frischkäse
2 EL Mandelmus
gemahlener Kreuzkümmel
Zitronensaft
Salz und Pfeffer

Für 4 Personen

Zubereitungszeit: 10 Minuten

Die Tomaten gut abtropfen lassen und fein hacken. Die Mandeln ebenfalls fein hacken.

Den Frischkäse mit dem Mandelmus cremig verrühren und mit Kreuzkümmel, Zitronensaft, Salz und Pfeffer würzen. Die Tomaten und die Mandeln untermengen und würzig abschmecken. Nach Belieben zu Vollkornbrot servieren.

Nuss-Gemüse-Brot

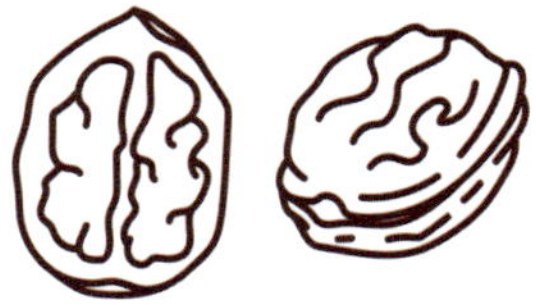

Dieses saftige Brot kommt ganz ohne Mehl aus strotzt nur so vor gesunden Zutaten. Die Nüsse verleihen dem Brot eine besondere Textur.

1 Zwiebel
2 Knoblauchzehen
1 rote Chilischote
2 Stangen Staudensellerie
1 Möhre
200 g Champignons
1 EL Olivenöl
1 EL Butter
1 TL getrockneter Oregano
1 TL geräuchertes Paprikapulver
2 EL Tomatenmark
100 g rote Linsen
300 ml Gemüsebrühe
ca. 80 g Semmelbrösel
150 g gemischte, gehackte Nüsse, z. B. Haselnüsse, Walnüsse, Pekannüsse
3 Eier
100 g geriebener Emmentaler
1 Handvoll frisch gehackte Petersilie
Salz und Pfeffer

Für 1 Kastenform (1,5 Liter)

Zubereitungszeit: 20 Minuten
Garzeit: ca. 1 Stunde 10 Minuten

Den Backofen auf 160 °C Ober- und Unterhitze vorheizen. Die Kastenform mit Backpapier auskleiden.

Die Zwiebel und den Knoblauch schälen und beides fein würfeln. Die Chilischote waschen, halbieren, putzen und fein hacken. Den Sellerie waschen, putzen und in kleine Stücke schneiden. Die Möhre schälen, die Champignons putzen und beides in kleine Würfel schneiden.

Das Öl und die Butter in eine Pfanne erhitzen und die Zwiebel und den Sellerie darin unter Rühren in ca. 5 Minuten glasig schwitzen. Den Knoblauch und die Pilze dazugeben und ca. 10 Minuten lang dünsten. Die Chili und die Möhre ergänzen und weitere 2–3 Minuten lang dünsten. Den Oregano und das Paprikapulver untermischen, das Tomatenmark kurz mitschwitzen, die Linsen zugeben und die Brühe angießen. Bei milder Hitze unter gelegentlichem Rühren 10–15 Minuten leise köcheln lassen, bis die Masse die Flüssigkeit vollständig aufgenommen hat. Vom Herd nehmen und abkühlen lassen.

Die Brösel, die Nüsse, die Eier, den Käse und die Petersilie untermischen und mit Salz und Pfeffer würzen. Den Teig in die Form füllen, glatt streichen, mit Alufolie abdecken und im Backofen 20 Minuten lang backen. Dann ohne Abdeckung in weiteren 10–15 Minuten fertig backen. Fühlt sich das Brot bei leichtem Druck fest an, herausnehmen und kurz abkühlen lassen. Aus der Form stürzen und noch warm oder ausgekühlt servieren.

Sellerieschnitzel mit Nusspanade

Wie vielseitig sich Nüsse in der Küche einsetzen lassen, beweist auch dieses Rezept: Als knusprige Panade verleihen Haselnüsse diesem vegetarischen Gericht eine besondere Note.

Für den Dip:
2 säuerliche Äpfel
150 g Joghurt
2 EL Mayonnaise
½ TL Currypulver
1–2 EL Zitronensaft
2 EL Schnittlauchröllchen
Salz und Pfeffer

Für die Schnitzel:
1 kleine Knollensellerie, ca. 1 kg
2–3 EL Mehl
50 g gemahlene Haselnüsse
50 g Semmelbrösel
2 Eier
Salz und Pfeffer
Butterschmalz, zum Ausbacken
100 g Räucherlachs
Kerbelblättchen, zum Garnieren

Für 4 Personen

Zubereitungszeit: 40 Minuten
Garzeit je Portion: ca. 6 Minuten

Die Äpfel schälen, vierteln, das Kerngehäuse herausschneiden und die Viertel in Stifte schneiden. Den Joghurt mit der Mayonnaise, dem Curry, dem Zitronensaft und dem Schnittlauch verrühren. Den Apfel untermischen und mit Salz und Pfeffer abschmecken.

Den Sellerie schälen und zunächst in ca. 0,5 cm dünne Scheiben und dann in Rauten schneiden. 1–2 Minuten in kochendem Salzwasser blanchieren und kalt abschrecken. Mit Küchenkrepp trocken tupfen.

Das Mehl und die mit den Haselnüssen vermischten Semmelbrösel jeweils auf Teller verteilen. Die Eier in einem tiefen Teller verquirlen. Die Sellerieschreiben mit Salz und Pfeffer würzen, zuerst in Mehl, dann in den Eiern und danach in den Nussbröseln wenden.

Die Sellerieschreiben portionsweise in heißem Butterschmalz auf beiden Seiten je 2–3 Minuten goldbraun backen. Auf Küchenkrepp abtropfen lassen. Den Räucherlachs in Streifen schneiden und mit Holzspießchen auf die Sellerieschnitzel stecken. Mit Kerbel garnieren und mit dem Dip servieren.

Kohlrabi-Apfel-Salat mit Walnüssen und Ziegenkäse

Dieser frische Salat ist ein wunderbar leichtes Mittagessen, dem Walnüsse und Ziegenkäse das gewisse Etwas geben.

2 junge Kohlrabi
2 kleine Äpfel
Saft von 1 Zitrone
2 EL Walnussöl
1 Pr Salz
1 Pr Zucker
50 g Rucola
50 g Walnusskerne
100 g Ziegenweichkäse
4 EL getrocknete Cranberrys
Kräutersalz und Pfeffer

Für 4 Personen

Zubereitungszeit: 20 Minuten

Den Kohlrabi schälen. Die Äpfel waschen, vierteln, die Kerngehäuse entfernen und die Äpfel zusammen mit dem Kohlrabi durch den Spiralschneider drehen oder fein raspeln. Den Zitronensaft, das Öl sowie je 1 Prise Salz und Zucker unter das Gemüse mischen und ziehen lassen.

Den Rucola waschen, verlesen und trocken schleudern. Die Nüsse grob hacken. Den Käse zerbröckeln.

Den Rucola unter die Apfel-Kohlrabi-Mischung heben und auf vier Teller verteilen. Die Nüsse, den Käse und die Cranberrys darüberstreuen und mit Kräutersalz und Pfeffer gewürzt servieren.

Hähnchen-Saté-Spieße mit Erdnuss-Dip

Saté-Spieße sind eine Spezialität aus Indonesien, die sich sowohl auf dem Grill als auch in der Grillpfanne wunderbar zubereiten lässt. Ein Gericht mit Suchtpotential!

Für die Saté-Spieße:
2 Knoblauchzehen
1 walnussgroßes Stück Ingwer
200 ml Kokosmilch
1 Stängel Zitronengras,
3 EL Limettensaft
1 EL Sesamöl
2 EL Sojasauce
1 TL gemahlene Kurkuma
1 TL mildes Chilipulver
4 Hähnchenbrustfilets, à ca. 140 g

Für den Dip:
100 g ungesalzene Erdnüsse
200 ml Kokosmilch
100 ml Geflügelbrühe
3–4 EL Erdnussbutter
½ TL Currypulver
Saft und geriebene Schale von 1 unbehandelten Zitrone
Salz und Chilipulver

Für 4 Personen

Zubereitungszeit: 35 Minuten
Wartezeit: mind. 2 Stunden

Den Knoblauch und den Ingwer schälen, beides fein hacken und mit der Kokosmilch verrühren. Das Zitronengras putzen, waschen und nur den weißen Teil (bis auf das holzige Ende) ebenfalls fein hacken. Das Zitronengras mit dem Limettensaft, dem Sesamöl, der Sojasauce, der Kurkuma und der Chili unter die Kokosmilch rühren.

Die Hähnchenbrustfilets abbrausen, trockentupfen und der Länge nach in dünne Streifen schneiden. In einer Schüssel mit der Marinade vermischen. Abgedeckt mindestens 2 Stunden lang kalt stellen.

Die Erdnüsse ohne Fett in einer Pfanne anrösten, abkühlen lassen, dann in einem Mörser grob zerstoßen. Die Kokosmilch mit der Brühe, der Erdnussbutter und dem Curry in einem Topf aufkochen lassen. Die zerstoßenen Erdnüsse, den Zitronensaft und die Zitronenschale einrühren und in ca. 5 Minuten cremig einkochen lassen. Währenddessen gelegentlich rühren. Auskühlen lassen und mit Salz und Chili abschmecken.

Die marinierten Fleischstreifen abtropfen lassen und wellenartig auf Holzspieße stecken. Auf dem heißen Grill rundherum 4–5 Minuten lang grillen. Zwischendurch mit der Marinade bepinseln.

Die Spieße mit dem Dip servieren.

Pasta mit Pistazien-Pesto und Pancetta

Versuchen Sie doch einmal diese frühlingshafte Pesto-Variante mit Pistazien und Kerbel – Sie werden begeistert sein!

250 g Erbsen,
frisch oder tiefgekühlt
1 Handvoll Kerbel
50 g Pistazienkerne
160 ml Olivenöl
30 g Parmesan
geriebene Schale von ½ Zitrone
Salz und Pfeffer
400 g Nudeln, z.B. Casarecce
200 g Zuckerschoten
4 Scheiben Pancetta
Minzblättchen, zum Garnieren

Für 4 Personen

Zubereitungszeit: 20 Minuten
Garzeit: ca. 10 Minuten

Die Erbsen in kochendem Salzwasser 3 Minuten blanchieren. Anschließend abgießen, kalt abschrecken und abtropfen lassen. Den Kerbel waschen, trocken schütteln und die Blätter grob hacken. Die Erbsen mit den Pistazien pürieren. Das Öl, den Parmesan, die geriebene Zitronenschale und den Kerbel untermischen und mit Salz und Pfeffer abschmecken.

Die Nudeln in kochendem Salzwasser al dente garen. Die Enden der Zuckerschoten abschneiden, evtl. Fäden abziehen und in den letzten 2 Minuten dazugeben.

Den Pancetta in einer Pfanne ohne Fett knusprig auslassen und auf Küchenpapier abtropfen lassen.

Die Nudeln mit den Zuckerschoten abgießen, in den Topf zurückgeben und mit dem Pesto vermengen. Auf Teller verteilen und mit Pancetta und Minze garnieren.

Register

Cashewkerne
Cashew-Schokoladen-Cookies **18**

Erdnüsse
Erdnussbutter-Fudge **26**
Hähnchen-Saté-Spieße mit Erdnuss-Dip **60**
Nuss-Granola mit Quinoa & Buchweizen **10**

Haselnüsse
Birnen-Haselnuss-Crumble **32**
Haselnussschnecken **36**
Haselnuss-Schokoladen-Torte **46**
Nuss-Granola mit Quinoa & Buchweizen **10**
Nussige Fruchtschnitten **38**
Nuss-Nougat-Creme **16**
Nusstaler **22**
Porridge mit Haselnüssen **8**
Sellerieschnitzel mit Nusspanade **56**

Macadamianüsse
Macadamia-Nussecken **40**
Macadamia-Torte **50**

Mandeln
Beerensmoothie mit Mandeln **14**
Macadamia-Torte **50**
Mandelaufstrich mit Kreuzkümmel **52**
Mandelmilch **12**
Mandelpudding **28**
Nuss-Granola mit Quinoa & Buchweizen **10**
Nussige Fruchtschnitten **38**

Pekannüsse
Pekannuss-Cupcakes mit Ahhornsirup **42**
Pekanuss-Pie **48**

Pistazien
Pasta mit Pistazien-Pesto und Pancetta **62**
Pistazieneis **30**
Pistazienküchlein mit flüssigem Kern **34**
Pistazien-Schokoladen-Riegel **24**

Walnüsse
Gedeckte Nusstorte mit karamellisierten Walnüssen **44**
Kohlrabi-Apfel-Salat mit Walnüssen und Ziegenkäse **56**
Nussige Fruchtschnitten **38**
Walnuss-Honig-Plätzchen **20**